RENSEIGNEMENS

SUR LES

QUESTIONS COLONIALES.

PARIS.

IMPRIMERIE ET FONDERIE DE E.-J. BAILLY,

PLACE SORBONNE, 2.

1841

AVERTISSEMENT.

Des circonstances récentes ont laissé un grand nombre
de personnes habitant les colonies françaises ou dévouées
à leurs intérêts, sous cette pénible impression que l'esprit
public de la métropole et les dispositions des pouvoirs
parlementaires à l'égard des planteurs pouvaient recevoir
une direction bien fausse et bien funeste; si, pour se
rendre compte de l'état réel des esprits dans ces possessions lointaines, l'on n'avait à se référer qu'aux paroles
et aux actes de quelques uns de leurs représentans
officiels.

Il ne s'agit pas seulement du procès qui va donner lieu
aux interpellations pour lesquelles il a été pris jour entre
le ministère et la chambre des députés. Ce procès n'est
qu'un incident du régime de l'esclavage.

Ce qui est en cause devant le gouvernement, devant les
chambres et devant l'opinion publique, en France, c'est

l'esclavage lui-même, c'est la juridiction souveraine accordée à de simples particuliers sur leurs semblables.

Or, c'est précisément à l'esclavage que les habitans des colonies semblent en appeler comme à leur seul moyen de travail et de prospérité, comme à la seule base possible de leur état social. Tel a été, du moins, le sens des déclarations et des votes de leurs assemblées, chaque fois qu'elles ont été consultées, même sur les moyens de préparer un changement dans la condition des personnes.

De là il est résulté une double tendance, d'une part chez les personnes intéressées matériellement dans la propriété et le commerce des colonies, et qui ne se trouvent pas à portée d'apprécier les faits très complexes de la situation de ces contrées ; d'autre part chez les personnes désintéressées matériellement dans la question, mais appelées, soit par devoir, soit par tout autre sentiment, à s'occuper du sort des noirs.

Les uns disent : « La conservation des colonies à sucre « n'est pas possible sans le maintien de l'esclavage, donc il « ne faut pas songer à l'émancipation. »

Les autres disent : « Si le maintien des colonies à sucre « n'est possible que par le maintien de l'esclavage, à quoi « bon des colonies à sucre, en Amérique, puisque l'on obtient sur le continent européen le sucre de betteraves « qui se produit par des bras libres ? »

Ainsi, dans le courant habituel des idées, il n'y a sur ce grave sujet que deux opinions reconnues et classées : une opinion *coloniale*, qui veut le maintien de la culture du sucre, même au prix de l'esclavage; une opinion *anti-coloniale* qui, en haine de l'oppression, veut, à tout prix, la suppression de la servitude humaine.

Si cette alternative existait réellement, elle serait fatale à nos colonies transatlantiques; car le triomphe de l'opinion qui veut faire disparaître l'esclavage peut être considéré comme un fait accompli.

Il a fallu sortir de ce cercle vicieux. Et, par bonheur, à mesure que les questions ont été examinées au nom de principes également favorables à la dignité humaine et au développement de la puissance navale et coloniale de la France, il s'est formé une opinion intermédiaire et véritablement pratique. Cette opinion désire l'émancipation des noirs et travaille à l'accomplir avec un zèle aussi actif que celui qui faisait dire naguère : *Périsse les colonies plutôt qu'un principe;* mais elle prétend, — chose facile, Dieu merci, — sauver le principe, et assurer en même temps la prospérité des colonies et le maintien des cultures.

Le litige qui existe aujourd'hui entre la métropole et ses colonies transatlantiques se trouve, dès lors, porté sur un terrain nouveau. Acceptant, sauf une transition régulière et sagement ménagée, tous les principes du droit commun de la France, quant à la condition des personnes, quelques habitans des colonies réclament, à leur tour, le même bénéfice du droit commun, sur un grand nombre de points qui sont encore réglés chez eux par une législation *exceptionnelle*.

Il n'est pas douteux que la voix des planteurs serait écoutée, en France, avec le plus vif intérêt, si, au lieu de manifester cet esprit de résistance obstinée qui ne leur attire ni les sympathies publiques, ni la confiance des pouvoirs parlementaires, ils s'évertuaient à chercher et à proposer les termes d'une transaction équitable, et même profitable à leurs véritables intérêts.

C'est donc un devoir de faire connaître qu'il y a dans les colonies et au sein même de leurs conseils législatifs une minorité de citoyens très respectables et très sérieusement intéressés dans les usines à sucre, qui n'entendent point engager une lutte de front avec la mère-patrie, ni se résigner dans l'attitude de victimes sacrifiées, devant un gouvernement qui non-seulement ne veut pas sacrifier, mais qui, sur plusieurs points, a poussé la sollicitude jusqu'à l'indulgence la plus débonnaire. Les membres de cette minorité veulent seulement être assurés que s'ils concèdent ce qui est juste à l'égard d'autrui, ils obtiendront la part de justice qui leur revient à eux-mêmes. Ils envisagent la réforme coloniale, comme l'occasion opportune d'une transaction où ils ont des droits à débattre et à conquérir, et non pas comme une lutte entre la métropole et ses sujets d'outre-mer.

Mais les sentimens de cette minorité peuvent difficilement se faire jour. La liberté de la presse n'existe pas dans les colonies. Leurs conseils législatifs délibèrent à huit-clos. Et, cependant, pour que cette minorité gagne du terrain, pour qu'elle ait le courage de se produire et de lutter, il faut qu'elle sache que les sympathies de la métropole lui sont acquises, et qu'en proposant une transaction elle fait autre chose qu'ouvrir les voies à un partage inique, où l'on prendra aux colonies tout ce qu'elles abandonneraient, sans leur rien donner ce qu'elles réclament.

Jusqu'ici la tactique de l'esprit de résistance a concentré toutes ses forces sur cette fin de non-recevoir. « Si « vous cédez un privilége en échange d'une exception, « on vous laissera l'exception, et on vous enlèvera le « privilége » : Voilà ce que l'on répète, dans nos petites oligarchies coloniales pour frapper d'ostracisme les citoyens calmes et modérés.

Rien n'est plus faux sans doute et plus contraire aux intentions de la France, à l'esprit de ses pouvoirs parlementaires et aux habitudes de son administration. Mais les colonies sont loin ; la libre discussion n'y existe pas ; il est facile de les tromper ; il est naturel qu'elles se trompent. Une majorité systématique, appuyée sur les traditions de l'ancien régime colonial, trouve, dans toutes ces circonstances, une force suffisante pour peser de tout son poids sur la minorité qui cherche et qui voudrait indiquer des voies de conciliation.

Les deux pièces auxquelles je prends la liberté de donner quelque publicité, ont pour but de porter secours aux plus faibles, qui sont, cette fois, les plus droits, les plus sages et les véritables amis de leur pays.

Vers la fin de l'année 1838, et pendant le cours de 1839, j'ai eu occasion de visiter les trois colonies à esclaves que la France possède dans l'atlantique ; la Martinique, mon pays natal, la Guadeloupe et la Guiane. J'ai vu, pour ainsi dire, un à un, tous les habitans considérables de ces trois colonies. Il en est à peine deux ou trois en qui j'ai trouvé une opposition irréconciliable à toute tentative de changer l'état des personnes, aux conditions qui se trouvent établies dans la pétition ci-jointe. Mais la plupart vivaient et sont restés en grande méfiance sur les dispositions des pouvoirs parlementaires à leur égard.

Il serait facile de les rassurer, et je serais heureux d'avoir contribué à provoquer en faveur de mes compatriotes quelques paroles de justice et de protection bienveillante, en compensation des tristes vérités qu'ils doivent entendre sur les misères de leur état social.

Le Projet de pétition à la Chambre des Pairs et à la Chambre des Députés a été rédigé de concert avec quelques habitans des trois colonies. Cette pétition vaut comme expression des vœux et des opinions d'une minorité qui n'a pas été entendue.

L'autre pièce (*Extrait d'une note sur la politique coloniale de la France*) peut valoir comme exposition sommaire de l'ensemble des questions qui se rattachent aux intérêts coloniaux.

JULES LECHEVALIER.

Paris, 4 mars 1841.

PROJET DE PÉTITION

À LA

Chambre des Pairs et à la Chambre des Députés,

POUR RÉCLAMER

L'EXERCICE DES DROITS POLITIQUES EN FRANCE

EN FAVEUR DES HABITANS

DES COLONIES FRANÇAISES.

⎯⎯❦⎯⎯

MESSIEURS LES PAIRS, MESSIEURS LES DÉPUTÉS,

Les soussignés, habitans des Colonies françaises et sujets du gouvernement français, viennent réclamer près de vous les droits et les bénéfices du régime légal de la France.

1

Ils réclament, avant tout, un droit qui résume et garantit tous les autres, celui de participer à la souveraineté nationale ; d'être représentés dans la discussion et dans la gestion de leurs propres intérêts aussi bien que des intérêts nationaux ; d'être traités enfin comme vos concitoyens, et non plus comme des étrangers.

Ce n'est pas la première fois que les habitans des Colonies s'adressent, dans ce but, aux pouvoirs parlementaires. Mais s'ils n'ont pas obtenu d'abord les résultats qu'ils avaient lieu d'attendre, ils ne s'en prennent qu'aux événemens qui les ont tenus séparés de la France au moment décisif des principales révolutions que sa politique, son régime administratif et même son industrie ont subies depuis 1789.

Cette séparation, cause première de la division et en quelque sorte de la scission sociale qui existe aujourd'hui entre la France continentale et la France d'outre-mer, a mis entre la métropole et ses colonies des distances de mœurs, d'intérêts et d'idées plus difficiles à combler que les distances géographiques.

Convaincus néanmoins qu'il n'existe entre eux et la mère-patrie qu'un mal-entendu temporaire sur certaines questions, et, sur d'autres, un litige difficile à résoudre, les habitans des Colonies, quels que soient leurs maux, ne se laissent point aller à d'injustes soupçons ni à des sentimens hostiles ; mais une conviction non moins énergique leur prescrit des devoirs qu'ils s'efforceront de remplir.

Ils croient que leurs intérêts légitimes, comme producteurs, sont sacrifiés ; que leurs droits, comme citoyens, sont souvent méconnus.

Ils croient que ces droits et ces intérêts, justifiés par les principes essentiels de la politique et de la civilisation générale, sont, de plus, intimement liés à la nationalité française par les traditions de l'histoire, et par les exigences d'un état social qui commande à la France de conserver et d'étendre ses domaines d'outre-mer et de compléter sa puissance militaire par sa puissance navale.

Ils savent aussi que c'est quelquefois à l'intérêt sacrifié qu'il appartient de chercher et de trouver les voies de sa réintégration.

Ils vous demandent en conséquence, Messieurs les Pairs et Messieurs les Députés, la permission d'exposer sous un aspect nouveau l'ensemble de leur situation et d'indiquer les voies de salut qui peuvent leur être ouvertes, afin que vous soyez mis en mesure d'apprécier d'avance quel usage leurs mandataires feraient des pouvoirs qui leur seraient confiés le jour où la sagesse du Roi, provoquée par votre bienveillante intervention, les associerait à vos prérogatives et à tous les avantages inhérens à la qualité de Français.

Si jusqu'ici les habitans des Colonies se sont opposés à des innovations partielles, subversives des établissemens qu'ils ont fondés par leur travail, ce n'est pas qu'ils aient un parti pris de résister systématiquement à tout ce qui aurait pour but de mettre le régime de ces établissemens en harmonie avec les institutions politiques actuellement en vigueur dans la France du xix° siècle (1). Mais l'esprit de la France du xix° siècle

(1) C'est au régime de l'esclavage que l'on fait ici allusion. Ce régime, qui est la base de tout le système des intérêts matériels dans les Colonies, est la plus grave de toutes les exceptions qui les séparent de leur métropole ; et, pour être maintenu, il exige un grand nombre d'autres exceptions civiles et politiques. Aussi est-ce sur ce point que les esprits les plus élevés et les cœurs les plus droits n'oseraient pas même s'expliquer directement. Toutefois, on peut espérer le concours des principaux habitans, pris

n'est plus un esprit de violence et de dépossession; c'est l'esprit d'ordre, de travail et de progrès qui concilie les intérêts anciens avec les intérêts nouveaux, qui ne sépare pas le bien-être d'une classe de celui d'une autre classe, qui réalise en toutes choses et pour tous les hommes le bénéfice de l'égalité devant la loi.

Les habitans des Colonies françaises ne demandent qu'une chose, c'est que les difficultés de leur situation soient réglées d'après les mêmes principes. Ils suivent attentivement la conduite du gouvernement central dans toutes les affaires et dans toutes les transactions qui touchent les intérêts des habitans de la France continentale; et c'est parce qu'ils ont reconnu, dans toutes les circonstances de ce genre, sa modération, son respect de tous les droits, sa bienveillance devant toutes les prétentions, même les plus exagérées, qu'ils se croient auto-

---

individuellement, pour une émancipation qui aurait lieu d'après les principes suivans :

Indemnité suffisante ;

Régime intermédiaire destiné à régler le travail ;

Salaire fixé sous le contrôle de l'administration publique ;

Institutions de crédit pour faciliter la liquidation de la propriété foncière ;

Introduction de nouveaux travailleurs, en encourageant et facilitant l'émigration. *(Note de l'Éditeur.)*

risés, comme enfans de la même patrie, à réclamer pour eux-mêmes une égale sollicitude.

Dans la position actuelle des Colonies, il n'y a pas seulement des questions accessoires ou de détail : toutes les questions soulevées sont des questions principales. Tous les intérêts sont mis en cause : l'état des personnes de toutes classes, sans distinction de race ni de couleur, le régime politique et administratif, le droit civil, le système de production, l'organisation du travail, le système de douanes et d'impôts. Toutes ces choses étaient liées dans l'ancien système colonial ; toutes ces choses sont liées dans les atteintes que ce système a subies et dans la décadence qui en est la suite ; toutes ces choses doivent demeurer liées dans l'esprit des hommes d'état qui s'occupent de la destinée des Colonies, quelle que soit d'ailleurs la variété de leurs opinions. Les intentions et les principes peuvent différer, mais le cercle des questions est le même pour tous.

Depuis 1789, depuis 1814 et surtout depuis 1830, l'ancien système colonial a été attaqué dans son ensemble et dans ses détails. L'ancien système colonial est tombé en dissolution

devant la triple agression dirigée à la fois contre
son régime de production, contre son régime de
travail et contre l'état des personnes.

Tout croule, tout se décompose dans des contrées naguère florissantes, qui n'ont poussé des
cris de détresse que pour ne pas pousser des cris
d'oppression. Et pourtant les ressources de ces
contrées, bien loin d'être épuissées, s'accroî-
traient dans une progression indéfinie, si la sécurité pouvait y renaître. Aujourd'hui la propriété est sans valeur, les capitaux se retirent,
la population décroît, les travailleurs manquent
au travail, tous ceux qui ont moyen de disposer
de quelques ressources les réalisent, et aban-
donnent le sol que ces richesses accumulées
pourraient et devraient féconder. Une seule
chose s'est ravivée, c'est l'activité des créanciers
justement alarmés du dépérissement progressif
de leur gage.

Dans les choses politiques comme dans les affaires privées, cette instabilité est le plus grand
de tous les maux.

Le premier effet d'une sollicitude efficace de la
part du gouvernement français serait donc de
soumettre à un examen approfondi l'ensemble
du régime actuel de ses Colonies, et de s'enqué-
rir définitivement s'il existe un mode d'organisation coloniale compatible avec les institutions

nouvelles de la France, ou bien si le peuple qui possédait autrefois le Canada, la Louisiane et la Guiane depuis l'Orénoque jusqu'au fleuve des Amazones, doit se résigner à l'abandon de ce qui lui reste encore.

Ce ne serait là qu'une solution de désespoir, et les habitans des Colonies ne voudraient pas y arrêter leur pensée. La France le veut encore moins sans doute, car la civilisation ne se renie pas elle-même. Or, *coloniser* ou *civiliser*, c'est au fond la même chose. Toute société viable doit se proposer un but d'extension et propager au dehors le principe de sa vie. Il n'y a que les nations frappées de stérilité qui ne colonisent pas. Les peuples anciens ont colonisé par la conquête : les nations modernes doivent coloniser par l'industrie, c'est-à-dire, répandre au dehors l'exubérance de leurs capitaux et de leurs bras, afin de créer la richesse et la population là où elles n'existent pas encore. Que si la France ne se sentait pas bientôt agitée de ces nobles désirs d'agrandissement, un tel état de marasme annoncerait l'avortement de son nouveau principe social. La France ne répondra pas sur ce point aux funestes prévisions de ses ennemis : c'est ce qu'attestent déjà les grands sacrifices qu'elle s'impose pour préparer l'avenir d'une Colonie plus rapprochée d'elle, et beaucoup moins productive, soit à son trésor, soit à son commerce, que ses anciennes possessions.

Au milieu des ruines amoncelées par la guerre civile et par la guerre étrangère, la France a dû songer d'abord à réorganiser son gouvernement et son industrie, à coordonner et à condenser, en quelque sorte, tous les élémens de sa nationalité. Le moment arrive pour elle de refaire ses Colonies à son image, c'est-à-dire d'après l'esprit de ses nouvelles institutions. Il est, en effet, de principe que les Colonies en état de prospérité, soit qu'elles s'émancipent ou demeurent sous la tutelle métropolitaine, sont presque toujours une reproduction du système social de la mère-patrie.

En s'élevant à cet ordre de considérations, on reconnaît facilement tout le secret de la crise que les Colonies subissent en ce moment, et l'on commence à se rendre compte des moyens qui peuvent contribuer à réparer le mal.

Ce n'est pas ici le lieu de faire l'histoire politique et administrative des possessions d'outre-mer, mais quelques développemens sont nécessaires, puisqu'il s'agit d'éclaircir un malentendu réciproque.

Les institutions des Colonies françaises n'ont

pas toujours été en disparate avec celles de la métropole.

Avant 1789, la réciprocité la plus complète était la base des rapports de la France continentale avec la France d'outre-mer. Notre puissance coloniale s'est développée plus particulièrement sous Louis XIII, Louis XIV, Louis XV et Louis XVI. Le cardinal de Richelieu était actionnaire de la première société qui s'organisa pour coloniser l'île Martinique. A cette époque, le roi de France décidait, en son conseil privé, toutes les affaires générales du royaume ; la justice était rendue par des cours souveraines ; la paroisse et le château formaient le premier degré des circonscriptions locales ; le domaine territorial et patrimonial était insaisissable et demeurait à toujours indivis ; le cultivateur était serf ; la loi du travail était le monopole réglementaire. A cette époque aussi, un gouverneur pour le roi décidait, en son conseil privé, toutes les affaires générales des Colonies ; la justice y était rendue par des cours souveraines ; l'assemblée de paroisse formait la commune, et le propriétaire d'habitation en était le chef sous le nom de commissaire commandant ; le patrimoine colonial était indivis et insaisissable ; le cultivateur était esclave ; les Colonies consommaient exclusivement les produits de la mère-patrie, tandis que celle-ci leur réservait sur son marché

le monopole des marchandises dites *denrées coloniales*.

Ainsi, la similitude était entière entre les deux
systèmes sociaux, et, en vertu de cette parfaite
analogie d'institutions, la convocation des états-
généraux dut amener dans l'Assemblée Constituante les représentans des Colonies. La division
daté de ce moment.

L'Assemblée Constituante déclara que les Colonies seraient soumises à un régime particulier.
La révolution avait trop à faire chez elle pour
songer à passer l'Atlantique. Cependant le Décret
de la Constituante n'empêcha pas la Convention
d'envoyer ses commissaires dans toutes les Colonies. Ils y apportèrent l'anarchie et la guerre civile; mais tout se termina bientôt par la conquête.

Durant ce temps, la métropole avait complè-
tement renouvelé son état social. La souveraineté
avait plusieurs fois changé de mains, ainsi que de
principe. Le despotisme militaire lui-même n'a-
vait pas osé rendre à la métropole les institutions
judiciaires et administratives de la féodalité. La
paroisse était devenue la commune; la propriété
territoriale avait été divisée; la saisie immobi-
lière admise dans le Code civil; le serf était
émancipé; le régime de libre concurrence avait
succédé au monopole.

Ces changemens ne furent point introduits dans les Colonies dont la France obtint la restitution à la paix d'Amiens. Elles demeurèrent soumises à un régime exceptionnel qui se prolongea pendant toute la durée de l'occupation étrangère. La conquête acheva la rupture qui s'était déjà opérée, et la politique de l'Empire, exclusivement continentale, fit considérer comme définitive la ruine de la puissance maritime et commerciale de la France.

En 1814, la France avait donc oublié ses Colonies. La Charte régla sommairement leur destinée et crut les mettre à l'abri du danger des innovations, en déclarant qu'elles seraient régies par des réglemens particuliers. Les Colonies s'empressèrent d'accueillir cette exception comme une garantie de sécurité. Pourtant ce régime particulier, commençant par l'abolition de la Traite des noirs, introduisait tout d'abord une grave modification dans les conditions du travail. Et, en même temps qu'il maintenait à l'égard des Colonies le monopole et les prohibitions qui existaient en faveur des productions et des industries de la mère-patrie, il ne pouvait pas les soustraire à l'action de la liberté de la presse et de la tribune, non plus qu'à la concurrence qu'elles rencontraient sur le marché français, soit par le privilége du sucre de betteraves, soit par l'abaissement successif des tarifs pour toutes les denrées étrangères.

En un mot, l'ancien système était maintenu quant aux priviléges de la métropole, et entièrement détruit quant aux droits les plus irrécusables des possessions d'outre-mer. L'industrie coloniale entravée dans son développement par des prohibitions qui la restreignaient aux travaux les plus élémentaires de l'agriculture, voyait en outre ses produits traités à la douane comme marchandises *exotiques*, entièrement opprimés dans leurs rapports avec les autres produits français et mal protégés à l'égard de la concurrence étrangère.

La protection d'un travail national commence, en effet, par l'égalité de charges et d'immunités avec toutes les industries similaires, placées à l'abri du même pavillon. Elle se complète par des taxes plus ou moins élevées sur tous les produits étrangers susceptibles de faire concurrence au travail national que l'on s'efforce de favoriser. Tel est du moins le principe de la législation industrielle en France. Les habitans des Colonies l'acceptent pour base de leurs réclamations et n'ont point à s'engager dans les controverses théoriques de la liberté commerciale et du système réglementaire.

A ce compte, les denrées des Colonies françaises ne devraient point, à la rigueur, figurer sur le tarif des douanes. Tout au moins l'admission en douanes ne devrait-elle être, pour ces denrées, que le moyen de percevoir à l'arrivée un impôt régulier, qu'on ne leur demande pas avant le départ. — Cependant les produits coloniaux sont qualifiés dans le tarif *marchandises exotiques*. Ils supportent des taxes dont la moyenne est d'environ cinquante pour cent de la valeur des produits ; et quand par hasard il leur arrive d'être protégés contre les denrées similaires venant de l'étranger, la moyenne de cette protection s'élève à peine à trente pour cent.

Il n'est même pas question ici de la législation des sucres. Cette monstruosité économique ne peut trouver place dans aucune des catégories d'exceptions créées à plaisir contre les Colonies.

Gréver une production d'un impôt qui, par suite des circonstances, s'est élevé quelquefois à deux cents pour cent de la valeur vénale ;

Augmenter cet impôt d'une surtaxe de 15 fr. pour 100 kilog., lorsque la denrée aura subi un premier degré d'épuration ;

Interdire au producteur colon de donner à ses produits, par le raffinage, le degré le plus élevé de préparation et le maximum de leur valeur ;

Rembourser au producteur métropolitain, à

titre de prime de raffinage, le droit que la denrée dont le raffinage est prohibé sur le sol colonial a payé à l'état brut ;

Après avoir restreint les conditions de fabrication du sucre colonial, ne lui accorder, contre les similaires étrangers, qu'une protection qui ne s'élève pas aux proportions que la France établit ordinairement en faveur des produits de son industrie ;

Tolérer, en outre, la production d'une denrée similaire sur le sol métropolitain, d'abord sans droits, ensuite avec une taxe très modérée, encore plus modérément perçue ; lever pour cette denrée privilégiée toutes les surtaxes et toutes les prohibitions dont la production coloniale est frappée ;

C'est là, en effet, comme on l'a déjà dit, *le système le plus oppressif et le plus dévorant que le fisc ait jamais organisé contre une industrie et contre lui-même.....*

La justice a commencé par un dégrèvement sur le tarif des sucres coloniaux à l'état brut. Mais ce dégrèvement n'est qu'un premier pas, et l'expérience a démontré que les habitans des Colonies eux-mêmes avaient fondé des espérances exagérées sur les résultats de cette mesure qui n'est, après tout, qu'un fort médiocre soulagement.

Lorsque nous énumérons les exceptions créées contre nous dans le régime des douanes de la métropole, il s'agit donc particulièrement des autres principales denrées de l'agriculture coloniale, coton, café, cacao, si faiblement défendues contre la concurrence étrangère.

Dans bien des cas mêmes, ces produits n'ont aucune protection et supportent, avec les denrées véritablement *exotiques*, des taxes également exorbitantes. C'est ainsi que l'ivoire, les baumes, les pelleteries, les plumes, les écailles, la colle de poisson, le quinquina, le cimarouba, la casse, l'indigo, la cochenille, le poivre, la muscade, les huiles de canelle, de girofle, de palme, de ricin, toutes denrées que nos Colonies peuvent produire en abondance, ne jouissent, pour la plupart, d'aucune protection contre les similaires étrangers, et supportent, à l'entrée du marché national, des taxes qui s'élèvent à 100, 150, 500 et jusqu'à 900 fr. les 100 kilog. !

Aussi le régime des ordonnances et des réglemens particuliers, selon la Charte de 1814, a-t-il abouti à une révolution dans l'état des personnes, à la ruine agricole et commerciale des Colonies.

La révolution de 1830 n'a point arrêté les exigences sans compensation de la liberté commerciale. Elle a même précipité le mouvement des réformes politiques et civiles. Peut-être les réformes n'auraient-elles pas rencontré les mêmes obstacles dans l'esprit des colons, si elles s'étaient toujours opérées à la suite d'un grand développement de travail et d'éducation morale, si elles s'étaient appliquées, suivant les principes de la justice distributive, à toutes les classes de la société coloniale, avec les garanties nécessaires aux intérêts acquis; et si, enfin, les droits politiques dont ils réclament aujourd'hui l'exercice, n'avaient pas été refusés aux propriétaires colons, à ceux-là mêmes qui ont porté jusque sous l'équateur et dans la mer des Indes, le langage, les mœurs et l'industrie de la France.

Pour ce qui se rapporte aux Colonies, la Charte de 1814 a été modifiée, en un seul point, par la Charte de 1830; et cette modification les place encore plus à l'écart du droit commun. L'art. 64 de la Charte de 1830 a déclaré que les Colonies ne seraient plus régies par des *ordonnances* et des *réglemens* particuliers, mais par des *Lois* particulières : c'est-à-dire que les affaires des Colonies françaises seront publiquement débattues et traitées dans les assemblées législatives des citoyens français, sans la participation des colons soit aux débats, soit aux votes ! Étrange conséquence du principe de l'égalité devant la loi !

2

Quoi qu'il en soit, en vertu de la Charte de 1830, les Colonies ont été dotées d'une *loi particulière :* c'est la loi du 24 avril 1833.

Cette *loi particulière* leur est donnée comme une Charte inviolable, et, dès le mois de juin 1838, le rapport d'une commission de la Chambre des députés proclame que la *Chambre est toujours maîtresse de reprendre et d'exercer pour son propre compte le droit qu'elle a délégué à l'administration.* (Rapport de M. de Rémusat sur la proposition de M. Passy.)

Cette *loi particulière* établit pour représenter les Colonies un conseil consultatif de délégués, siégeant au ministère de la marine. Et ce conseil, qui ne peut opposer à la publicité de la Tribune que des conférences à huis-clos, n'a pas d'autre ressource contre le vote hostile des intérêts rivaux que l'humble supplique qu'il peut porter tantôt au pied du trône, tantôt dans l'antichambre des ministres, ou confier à des missives officieuses, le plus souvent laissées sans réponse ! (*Compte-rendu de M. Ch. Dupin, sur les travaux du conseil des délégués,* 30 octobre 1838.)

Cette *loi particulière* place dans le domaine de la prérogative royale les améliorations relatives à la condition des personnes, et à peine avait-elle une année d'existence que la Chambre des Députés a entendu la lecture et voté la prise en considération d'une proposition qui a pour but de préparer un changement radical dans la condition des personnes !

Cette *loi particulière* enfin ne statue rien sur les réformes devenues nécessaires dans le régime économique des Colonies, et les laisse sous la double oppression du tarif des douanes et des immunités du sucre de betteraves !

En présence de pareils faits que peuvent penser les habitans des Colonies ? sinon que le régime des *lois particulières* est pour eux un régime de *lois d'exception*. Que peuvent-ils faire ? sinon de rejeter comme un présent funeste une exception qui leur a été offerte comme un bénéfice et qui se résout en une véritable mise hors la loi. Que peuvent-ils souhaiter ? sinon d'entrer enfin dans le droit commun, de s'associer aux institutions de la métropole au lieu d'en rester séparés, de se mettre à l'abri des principes conservateurs de la monarchie constitutionnelle, *égalité devant la loi, maintien de l'ordre et du travail, respect de la propriété et des droits acquis, indemnité aux intérêts lésés, égale répartition de l'impôt et des charges publiques.*

Le premier principe du droit commun de la France constitutionnelle, c'est la participation directe à l'exercice de la souveraineté par le vote électoral et par le vote parlementaire, soumis l'un et l'autre à certaines conditions d'âge, de cens ou de capacité.

Les habitans des Colonies sont en mesure de remplir toutes ces conditions, et ils osent se croire dignes de la prérogative qu'ils réclament. Cette prérogative est à leurs yeux le point de départ de la politique qui doit les réintégrer dans l'unité nationale et amener la conciliation des difficultés qu'ils viennent d'énumérer.

Français par le cœur autant que peuvent l'être les enfans les plus dévoués de la patrie ; les Colons ne sont-ils pas plus français par les mœurs, par le langage, qu'un grand nombre de leurs concitoyens qu'ils ne regrettent point de voir déjà introduits dans le corps politique ?

Et, quant à la distance qui sépare les contrées d'outre-mer du siége de l'autorité centrale, le dévouement saura la combler. Les Colonies trouveront dans leur sein un grand nombre de citoyens qui ne reculeront ni devant les fatigues du voyage, ni devant la nécessité d'une résidence fixe loin de leurs foyers domestiques. Elles trouveraient au besoin, soit parmi leurs habitans qui résident en France, soit parmi les hommes éminens du pays qui appartiennent à toutes les choses grandes et utiles, des représen-

tans fidèles et exclusivement dévoués à leurs intérêts. Ce dévouement exclusif est nécessaire ;
car si les intérêts coloniaux se lient à ceux de
tous les départemens, ils n'en ont pas moins un
caractère particulier et distinct.

Vous remarquerez d'ailleurs, MM. les Pairs et
MM. les Députés, que les inconvéniens résultant
de la distance ne peuvent porter aucun préjudice
aux affaires générales de la France et n'attein-
dront jamais que les Colons eux-mêmes. Or, pour
ceux-ci, il n'y a pas à choisir entre le désavan-
tage d'être plus gênés que d'autres dans l'exercice de leurs droits politiques, et le dommage
irréparable d'être entièrement exclus de la représentation nationale.

(Guiane Française, Juillet 1839.)

EXTRAIT D'UNE NOTE

SUR LA

POLITIQUE COLONIALE

DE LA FRANCE.

(*Saint-Pierre Martinique*, 13 novembre 1838.)

L'imprévoyance de la politique française date de loin, et il ne faut pas se dissimuler que sous le triple rapport de la Marine, des Colonies et du Commerce maritime le mal ne soit bien grand. Mais il est heureux pour les Colonies que leur crise arrive au moment où le sentiment public se réveille sur ces trois points à la foi : leur avenir se rattache par là aux intérêts nationaux les plus pressans.

Nous ne sommes plus au temps où, dans le sein même du gouvernement, on mettait en question s'il ne faudrait pas achever de détruire ce que les désastres de l'Empire nous avaient laissé de vaisseaux et de matériel naval. En vain quelques disciples de l'école de J.-B. Say s'efforcent-ils encore d'arrêter l'essor qui reporte l'attention de la France sur ses côtes maritimes et sur ses possessions coloniales : les illusions et les erreurs théoriques qui ont donné naissance à ces préjugés sont chaque jour démenties par les faits.

On est forcé de voir que la marine prendra la plus
grande part à toutes les guerres aujourd'hui probables
ou possibles. Ce qui s'est passé en Europe depuis 1830
indique suffisamment que les grandes puissances con-
tinentales sont animées de l'esprit de paix. Trois d'entre elles peuvent être néanmoins poussées à une collision par leur rivalité ; et si elle avait lieu, cette collision
entre la France, l'Angleterre et la Russie occasionnerait
une guerre maritime. Dans la lutte qui s'engagera
tôt ou tard entre la Turquie et l'Égypte, quel sera
encore le mode d'intervention des puissances européennes ? la force navale. La conservation de l'Algé-
rie est également une affaire de force navale. L'attitude
des États-Unis, chaque fois qu'il s'agit de questions qui
se rapportent au droit des gens de la guerre maritime,
est faite pour convaincre qu'il nous faudra toujours
une force navale puissante, pour tenir en respect ce
peuple nouveau qui a tout l'orgueil et la présomption
de la jeunesse. Enfin, la Marine est le seul moyen
d'action de la France dans ses relations avec les états
qui se sont constitués ou émancipés sous le patronage
et par l'alliance des nations européennes, la Grèce,
l'Empire du Brésil, les républiques de l'Amérique méridionale.

Celles-ci surtout, loin d'offrir au commerce maritime toutes les prospérités qu'il attendait, ne lui laisse-
ront la garantie des personnes et des propriétés que
sous la surveillance vigilante des forces navales, et
nécessiteront bien souvent l'intervention armée. C'est
même là une des causes du retour subit du commerce

métropolitain vers les Colonies. Sous la restauration, elles n'avaient pas d'adversaire plus décidé. Les ports de mer ne cessaient d'accuser le gouvernement de les priver des riches marchés de l'Inde et de l'Amérique méridionale, par la protection accordée aux denrées des Colonies en échange du monopole qu'on se réservait sur leur marché.

Le commerce maritime attachait aussi les plus belles espérances à l'indépendance de l'Amérique espagnole et à la reconnaissance de Saint-Domingue. Il est bien déçu de ses illusions. Et maintenant qu'il n'a trouvé sur ces marchés ni sécurité ni prospérité, il s'aperçoit qu'il est avantageux de commercer à l'abri du pavillon national et sur des marchés dont la métropole elle-même a réglé les conditions.

Les Colonies sont la réserve du commerce ; et celui-ci, pour s'aventurer à la recherche de débouchés nouveaux, a besoin de s'appuyer sur des points fixes d'où il part, où il se replie en cas d'insuccès, avec la certitude d'un bénéfice modéré qui aide à courir les chances de la spéculation. Les mêmes motifs commandent à la marine de multiplier ses rades, ses arsenaux, ses stations navales et ses croisières ; car la force navale est au commerce maritime, ce que la force de terre est à la police intérieure, aux frontières et aux relations intra-continentales.

Plusieurs circonstances dans la société européenne favorisent également la solution de la crise coloniale ; je citerai, entre autres, la réaction qui se produit en faveur des principes d'ordre, les vices reconnus du travail *anarchique* faussement dit *libre*, l'extension du paupérisme, la multiplication des enfans trouvés, des suicides et des infanticides, le raffinement des crimes contre la propriété.

Une fois en train de reconnaître les fautes de sa politique intérieure et les imperfections de son état social, la France reviendra aussi du système d'indifférence et d'abandon, le seul qu'elle ait suivi avec quelque constance à l'égard de ses Colonies.

Bien que depuis le traité d'Utrecht elle ait constamment perdu ses possessions coloniales, et que les traités de 1815 ne lui aient laissé que des débris, la France a eu tort de se décourager et de ne pas attacher d'importance à ce qui lui reste encore. La Guadeloupe, la Martinique, Bourbon et la Guiane sont loin d'avoir atteint la prospérité agricole, manufacturière et commerciale qu'elles peuvent avoir ; et il est telle circonstance qui pourrait tripler le mouvement des affaires sur ces divers points. Les Anglais n'ont rien de comparable à la position navale et militaire du Fort-Royal. La Guadeloupe, indépendamment des richesses déjà créées sur son sol et de celles que la partie inculte de son territoire peut encore produire, possède le port marchand le plus sûr et le plus commode qui se trouve dans toutes les Antilles, à l'exception de l'île de Cuba. Les premiers colons de Cayenne avaient appelé la Guiane, la *France équinoxiale :* une colonisation bien entendue ferait de cette inspiration de l'esprit d'aventure une réalité positive.

Le besoin de consolider et d'édifier, qui succède aux

passions subversives de la révolution , doit entraîner le gouvernement dans cette voie. Toute nation qui ne se propose pas un but d'agrandissement, dépérit , et laisse sans aliment l'amour de la gloire et l'honneur, ces deux foyers de la vie sociale. Toutes les civilisations ont eu pour origine la colonisation, la conquête, ou bien l'une et l'autre à la fois. La colonisation , sorte de conquête pacifique, est le mode d'extension le mieux approprié à l'esprit de la société moderne. Sous le rapport de l'extension coloniale, Alger, où l'administration française s'est montrée jusqu'ici dépourvue de tout esprit de ressource , n'en est pas moins une sauve-garde pour l'honneur national. C'est le seul point où ce sentiment arrache à notre parcimonie une dépense annuelle d'environ 50 millions : l'impossibilité d'abandonner forcera les *utilitaires* à méditer sur un mode de colonisation productive. Le bénéfice en reviendra par ricochet aux Colonies que leur situation lointaine et l'époque reculée de leur acquisition chassent de la mémoire des hommes d'État.

La France a donc accumulé les fautes depuis qu'elle est rentrée en possession d'une partie de son domaine extra-continental , et le gouvernement de 1830 n'a fait, à cet égard, que suivre les erremens des pouvoirs antérieurs. Peut-être même la fièvre d'innovation qui a signalé les premières années de cette révolution sera-t-elle considérée un jour par les Colons comme ayant provoqué leur réveil et les ayant préservés de mourir en léthargie.

Quoi qu'il en soit, depuis 1815, le gouvernement français n'a jamais eu d'opinion arrêtée au sujet des Colonies. On peut même dire qu'à travers toutes les indécisions, on voit percer, comme arrière-pensée, la foi au sophisme économique qui considère les possessions coloniales comme désavantageuses à la métropole.

Cette indécision et cette négligence se sont fait sentir dans l'organisation administrative et judiciaire. Les bases de ce système ont été plusieurs fois changées et sont peut-être radicalement vicieuses.

On a cru ménager les intérêts en retardant l'application de certaines parties des Codes de la métropole en matière de procédure ou de commerce ; on n'a fait qu'aggraver la situation des débiteurs solvables ou insolvables, et détruire entièrement le crédit de ceux qui pourraient en avoir encore. En présence d'un mal invétéré, la politique doit bien avoir quelques tempéramens ; elle doit même aviser à des secours extraordinaires pour les débiteurs, mais elle ne peut pas consentir à sacrifier la partie saine de la société, représentée par les fortunes liquides, à sa partie morbide, représentée par les fortunes obérées ou détruites.

On n'a pas été plus habile quant à la condition des personnes. Le gouvernement a toujours laissé entamer la société coloniale. Aujourd'hui il la voit se dissoudre par fragmens, sans oser se faire un plan pour sa réforme. La loi de 1833 n'est point une solution : ce n'est pas même une garantie. Elle est violée indirectement chaque année. C'est en effet une utopie que de chercher à distraire l'esclavage, question sociale de premier ordre, des attributions du pouvoir parlementaire.

En matière de douanes, si la législation qui régit les Colonies était le résultat d'un plan systématique, ce serait la tyrannie la plus dévorante que le fisc ait pu organiser contre un pays et en définitive contre lui-même.

L'examen détaillé de la loi et des tarifs des douanes fait ressortir bien d'autres anomalies que celles déjà trop connues de la question des sucres, et indique, sur un grand nombre de points, le moyen d'ouvrir des voies jusqu'ici fermées à l'industrie coloniale.

Pour les encouragemens à l'Agriculture et aux Manufactures, pour les dépenses de Beaux-Arts et d'Instruction publique, pour les Routes et Travaux d'art, pour la Marine et pour la Guerre elles-mêmes, la France n'a pas fait en faveur de ses six Colonies d'outre-mer ce qu'obtient son plus petit département continental. Il est facile de le vérifier par la comparaison des budgets.

Enfin, le fait qui met en évidence de la manière la plus énergique et la détresse du pays et sa mauvaise organisation industrielle, c'est l'exportation de la monnaie par les navires de la métropole eux-mêmes. La métropole exprime les derniers sucs de la vie des Colonies en leur reprenant, contre la fourniture du grand nombre de denrées qu'elles sont obligées de lui acheter pour leur subsistance, toutes les économies, tous les bénéfices réalisés et la somme presque entière de l'argent monnoyé qui sert à payer les services publics. Il en résulte que la somme des richesses accumulées sur ce sol si fertile est comparativement très inférieure à ce qu'elle pourrait et devrait être.

Voilà les torts de la métropole ; voici maintenant les torts des Colonies.

En matière de propriété, d'industrie et de législation, elles ont considéré comme des priviléges tous les *vices* de leur état social.

Par la manifestation d'un continuel esprit de retour, en ne paraissant s'établir sur leurs terres ou dans leurs comptoirs que pour camper et amasser une fortune destinée à être dépensée en France, les colons ont donné l'exemple au pouvoir qui a traité leur pays comme ils le traitaient eux-mêmes.

Ils ont entrepris la tâche impossible et fausse de lutter contre le mouvement des esprits dans la métropole, et ils ont négligé leur œuvre utile et possible, celle de chercher à jouir de la protection que le gouvernement représentatif doit à tous les intérêts. Si les Colonies avaient employé à se défendre contre le sucre de betteraves toute l'énergie qu'elles ont déployée dans

d'autres circonstances, leur situation serait bien diffé-
rente. Elles auraient obtenu le dégrèvement dès 1828,
et jouiraient aujourd'hui sans doute d'un droit naturel
dont elles sont frustrées, celui de développer et de per-
fectionner leurs produits, de raffiner leurs sucres, de
distiller leurs sirops sous toutes les formes, de fabri-
quer et d'exporter en France les produits manufactu-
riers dont elles ont les matières premières, le rhum,
les liqueurs, la poterie, les cotonades, les conserves de
fruits. Quand on pense à l'immense commerce que
Bordeaux, Marseille et l'Espagne ont trouvé moyen de
fonder avec les fruits secs, on s'étonne qu'un peuple qui
a chez lui l'ananas, la banane et le sucre, ainsi que beaucoup d'autres fruits susceptibles de préparation, n'ait
pas couvert tous les marchés et toutes les tables de ses
produits. Les industries qui se rapportent à l'art du con-
fiseur sont d'autant plus précieuses pour les colonies,
que l'infériorité du sucre de betteraves, dont les con-
fiseurs ne peuvent pas faire usage à l'état brut, est
bien constatée quant à ce genre de travail.

Les Colonies ne connaissent pas ou du moins négligent d'employer les méthodes de labourage; l'ameu-
blissement des terres, la fabrique et l'usage des engrais.
En agriculture elles se sont bornées à un seul produit,
tandis que l'économie rurale leur aurait prescrit de les
multiplier sur le même sol et que la nécessité aurait dû
les y contraindre par l'envahissement du sucre de betteraves. On ne peut plus avoir de doutes sur la sérieuse
rivalité de ce produit qui s'étend sur tout le continent

européen, depuis la Belgique et la Prusse jusqu'à la Russie. Il est d'ailleurs possible et même facile aux colons de varier les cultures.

Les colons prétendent que leur sol est épuisé : c'est leur industrie agricole qui est dans l'enfance. Si le sol n'était pas d'une fécondité exubérante, il n'aurait pas résisté au régime de culture auquel on le soumet. L'application raisonnée des assolemens serait la régénération agricole du pays.

Il arriverait alors à produire en bestiaux, en légumes, en farineux, et peut-être même en boissons, les bases premières de son alimentation. Tout pays qui se prétend agricole et qui tire sa nourriture du dehors est en voie de ruine. On est, de plus, dénué de toute prévision, lorsqu'à ce système, qui attend tout du dehors, on ajoute le choix d'un moyen d'échange dont le débit n'est pas certain ; lorsqu'on fonde, en un mot, l'existence d'une population de maîtres et d'ouvriers sur la production de quelques denrées de luxe. Or, quel que soit le développement de la consommation à leur égard, le sucre, le café, le cacao seront toujours des denrées de luxe, si l'on tient compte de la petite quantité nécessaire à chaque consommateur. Au lieu d'aller chercher des mulets en France, des bœufs à Porto-Rico et à Langostura, des chevaux en Amérique, les Colonies, la Guiane surtout, pourraient en élever pour leur consommation et même en exporter dans les pays voisins.

L'industrie des jardiniers et des maraîchers est aussi

à créer. Presque tous les fruits sont des *fruits sauvages*, auxquels la greffe et la culture donneraient des qualités supérieures. Les légumes, qui pourraient être très abondans et venir très beaux, manquent même à la consommation des classes aisées.

Il en est ainsi de l'industrie manufacturière qui pourrait fournir en meubles, en poteries, etc., etc., au moins les objets de consommation de la classe pauvre et de la classe moyenne. Ces produits pourraient être la base d'un commerce d'exportation pour les îles environnantes.

Les arts vestiaire, domiciliaire et culinaire doivent devenir des industries locales, d'abord pour la prospérité intérieure du pays lui-même, ensuite pour donner une occupation aux personnes trop avancées en éducation pour la condition d'ouvriers ruraux, et qui ne le sont pas assez pour les professions de premier rang (1).

Le travail des résidus, en matières animales et végétales, n'existe pas encore, et, autant pour la salubrité publique que pour l'intérêt de l'agriculture, il faut son-

(1) L'obstacle au développement de ces industries provient de ce que les marchands pacotilleurs de la métropole sont en possession de fournir les Colonies de tous les objets de consommation et d'usage journalier. Ce petit commerce, qui peut être avantageusement remplacé pour la métropole, arrête absolument, dans les Colonies, le développement des arts et métiers, et par conséquent la formation d'une classe où les nouveaux affranchis trouveraient les moyens d'existence qui leur manquent aujourd'hui. Il sera facile de changer un état de choses si désastreux, en établissant à l'entrée des villes des droits d'octroi.

ger à l'établir. La colonie peut en tirer une partie des engrais et du noir animal dont elle a besoin.

La canne à sucre n'en doit pas moins demeurer la culture principale.

Je remarquerai en dernier lieu que l'exploration des Antilles et de la Guiane au point de vue des ressources agricoles et manufacturières n'est pas faite encore. Ces Colonies ne se connaissent pas elles-mêmes. Ce travail pourrait être demandé en même temps que la commission d'enquête. Il importerait aussi de dresser un état détaillé des terres en friche et des terres non appropriées.

L'examen des torts réciproques de la France et des Colonies conduit à ce résultat que la cause première de tout le mal est dans la *séparation des deux sociétés*.

La cause du mal étant connue, ceux qui voudront y porter remède devront tendre à une fusion graduelle, dont le terme final sera l'*unité* et la *réciprocité* entre la métropole et ses colonies, de telle sorte que la France ait six départemens maritimes de plus, et de moins six colonies malheureuses et mal administrées.

_ Les deux parties doivent apporter dans cette fusion toute la bonne volonté qu'exigent vingt-quatre années d'indifférence et de malentendu de part et d'autre.

Sous ce rapport, on regrette d'entendre les colons témoigner la résolution préconçue de résister à toute innovation, en présence d'un pouvoir qui ne peut pas accepter cette résolution, et qui ne compromettra pas sa propre existence pour maintenir le *statu quo* dans les Colonies.

Le *statu quo* est d'ailleurs déplorable pour les Colonies elles-mêmes, ou bien leurs cris de détresse n'ont pas de motifs plausibles. Ce sont, au contraire, des innovations qu'il faut au pays, mais des innovations utiles, bien méditées, préparées de loin, combinées dans une vue d'ensemble; appliquées par une main prudente et ferme.

Dès 1814, la métropole a voulu que les Colonies fussent régies par des lois particulières, et les Colonies ont applaudi à ce système. Lors même qu'il aurait été suivi, les Coloneis n'eussent point évité ce qui se passe aujourd'hui. On ne gagne jamais rien à faire exception avec une grande société qui régit trente-quatre millions d'hommes sous la même unité administrative. En fait, les Colonies ont eu, au lieu de lois particulières, de véritables lois d'exception, pour les taxes et les prohibitions de la douane. Quant à l'Instruction Publique, aux Travaux Publics, à l'Ordre Judiciaire, à la Force Militaire et Navale, à tous les bénéfices de la civilisation moderne, ces lois ont été, à leur égard, des motifs d'exclusion. En revanche, elles ont eu à subir tout ce qui dans le mouvement révolutionnaire de la métropole pouvait contribuer à mettre leur état social en question. Leur législation spéciale n'a donc abouti qu'à les mettre *hors la loi*, et à les faire traiter comme des populations barbares.

L'égalité devant la loi serait par conséquent un grand bienfait pour elles.

Les Colonies recueilleraient d'immenses avantages d'une législation qui admettrait leurs positions navales et militaires sur le même rang que les positions analogues du continent français. Le Fort-Royal acquerrait bientôt l'importance d'une préfecture maritime ; Cayenne pourrait devenir, pour les forces de terre, le centre d'un état militaire important.

Pour le crédit public et les emprunts, pour les établissemens universitaires, les Colonies gagneraient encore beaucoup à s'associer au milliard de la métropole. Puisque la Corse forme un district universitaire avec Faculté des Lettres et Faculté des Sciences, onne voit pas pourquoi la Martinique, la Guadeloupe et Cayenne réunies ne jouiraient pas du même avantage et ne participeraient pas aux 150,000 fr. (1) par année, qui reviennent à chaque département dans le budget de l'instruction publique. La France a pour l'entretien et la création de sa viabilité un budget ordinaire de 45 millions, et un budget extraordinaire de 100 mil-

(1) Cette approximation est faite d'après le budget de l'Instruction publique pour 1837, s'élevant à la somme de 15,048,479 f.

liôns : à ce compte il reviendrait à chaque colonie un million 700,000 fr. par an.

- L'égalité devant la loi aurait encore pour consé-quences :

1° Une révision du tarif des douanes qui traiterait l'industrie coloniale sur le même pied que l'industrie métropolitaine ;

2° La faculté de produire le sucre claircé, le sucre terré et le sucre raffiné, avec un surcroît de taxe mo-déré ;

3° L'établissement d'un droit d'octroi à l'entrée des villes.

Cette réforme, que l'on pourrait appeler l'émancipa-tion des blancs et la liberté du travail pour les habi-tans eux-mêmes, suppose deux conditions essentielles : 1° la promulgation entière du Code de Commerce, du Code de Procédure, de la Loi sur les faillites, des dispositions du Code civil non encore admises ; 2° la liberté civile, quant à la condition des personnes.

Dans la situation actuelle chacun doit faire des sa-crifices pour le retour des capitaux et du crédit : la conservation de la société coloniale est à ce prix. L'in-troduction de la législation sur l'expropriation forcée est donc une mesure de salut public ; mais elle serait oppressive à l'égard du débiteur si le chiffre de l'in-demnité n'était pas fixé à l'avance, l'esclave n'ayant pas de valeur aujourd'hui en raison de l'imminence d'une émancipation dont les conditions sont inconnues.

Quant à l'émancipation, il n'y a pas de demi-me-sure ni même de graduation dans l'admission du principe: L'esclavage est une condition qui ne résiste pas à l'examen de celui qui la subit. Le jour où l'esclave sait qu'il a le droit de plainte, le droit de rachat, qualité civile pour posséder, il y a une atteinte portée à la propriété du maître. La liberté est pour le Noir une promesse dont il attend l'acccomplissement. L'autorité du chef d'atelier devient pour lui une tyrannie transitoire dont il sera bientôt débarrassé. Le maître, de son côté, se trouve sous le coup d'un commencement de spoliation définitive, sans aucune garantie pour l'indemnité et le maintien du travail.

Le rapporteur de la commission chargée d'examiner la proposition de M. Passy, a dit que l'émancipation ne devait pas être une révolution, mais une réforme conduite par le gouvernement. Pour que l'émancipation ne soit pas une révolution, il faut que le maître, qui se trouvera privé à la fois d'un capital et d'un ouvrier dont la loi précédente lui avait garanti le service, soit certain de retrouver l'équivalent de son capital et la faculté de continuer son travail.

« Quand on examine à fond ce double devoir que l'émancipation impose au gouvernement central, l'*indemnité* et la *garantie du travail*, on fait passer la garantie du travail avant même l'indemnité. Avec le maintien du travail sans l'indemnité, l'avenir de la propriété agricole serait assuré, et le prix de l'esclave, déjà payé, serait à la rigueur un sacrifice transitoire qui aurait été fait par le maître pour monter son ate-

lier. L'indemnité sans le maintien du travail équivau-
drait à une dépossession pure et simple de la propriété
territoriale.

Présentée en ces termes, et sans qu'il perce une
arrière-pensée sur l'esclavage, la cause des Colons
pourra reconquérir l'assentiment public en Europe.
Sous toute autre forme, et si les réclamations des propriétaires d'esclaves apparaissaient comme des fins de
non recevoir pour ajourner, au lieu d'être la condition
d'une adhésion franche; aucun homme d'état ne voudrait prendre la responsabilité de leur défense.

En déclarant aux chambres qu'il ne souffrira pas une
dissolution partielle de la société coloniale, mais qu'il
veut sa régénération par la liberté du Noir avec la conservation du travail et l'indemnité aux intérêts acquis;
en déclarant qu'il prépare une solution à ce point de
vue, le pouvoir prendra la tête du mouvement, et il
le maîtrisera en le dirigeant. Aujourd'hui il n'empêche
pas le mal et ne fait de bien à personne.

Toutefois, si les délais moratoires sont utiles aux
Colons, et même à ceux qui veulent une solution efficace de l'émancipation, ces courts instans de répit ne
doivent être aux yeux d'un gouvernement sage qu'un
moyen d'aviser au meilleur mode d'organisation du
travail libre après l'affranchissement. Ce n'est pas au
moment où la société européenne cherche à rattraper
ses salariés, jetés sur la place publique et demandant du
travail et du pain, que l'on peut songer à faire passer le

Noir de l'état d'esclavage à *l'indépendance indivi-
duelle;* je ne dis pas la liberté civile, car la liberté
civile est précisément ce qu'il y a de définitif et de
légitime dans l'abolition de l'esclavage, telle que les
philantropes l'ont conçue.

Si l'on descend de la théorie abstraite à la réalité des faits, le nègre émancipé cesse d'être une
chose, il devient un homme; mais il n'est encore ni
un ouvrier ni un citoyen. Il a besoin d'un tuteur qui
l'initie à la civilisation par la morale et par la DISCIPLINE.

Les lois répressives contre le vagabondage sont sans
doute nécessaires; mais outre que la répression suppose le mal déjà commis, il n'est pas juste de rendre
un homme responsable de son oisiveté, lorsqu'il n'a
reçu de l'éducation ni les habitudes, ni les sentimens,
ni les besoins, qui font du travail un devoir et une nécessité. Le devoir de la société envers le nègre émancipé, c'est donc de dompter en lui les instincts de la
vie sauvage et de lui inspirer les sentimens réguliers
de la vie sociale.

Aussi, tout ce qu'il est utile et possible de faire en
ce moment pour l'abolition de l'esclavage se réduit-il à
substituer la discipline et la tutelle du gouvernement à
la domination arbitraire du maître. Le régime des
classes chez les marins offre pour les hommes libres
de la métropole un état analogue à l'état intermédiaire
qu'il faudrait créer pour les affranchis. Dans le premier
cas, c'est la nature de l'ouvrage, ce sont les dangers
et les difficultés de la profession qui ont déterminé

l'exception ; dans le second cas, ce serait la nature de l'ouvrier ou plutôt son degré de culture morale et même physique.

Au surplus, s'il faut dire toute ma pensée, la con-dition du matelot des classes, avec la caisse des inva-lides, avec la vie réglée qu'il doit à la discipline, et les soins moraux et physiques dont il est l'objet, me paraît, *en principe*, plus conforme à la dignité de l'homme et du citoyen que le vagabondage du salarié, sous le régime de la libre concurrence. La prostitution vénale, la mendicité, l'abandon des enfans, la néces-sité de recourir à la charité publique en cas de maladie ou de manque d'ouvrage, la dissipation, l'intempé-rance du boire et du manger, l'incurie du vestiaire et des soins hygiéniques, l'imprévoyance du lendemain, sont les misères et les vices endémiques du peuple dans les états européens : les hommes d'état doivent s'en préoccuper autant qu'ils se préoccupent de la condition sociale et civile des populations esclaves.

Cette combinaison de travail organisé, ou tout au-tre de ce genre, aurait le double effet d'assurer la pro-tection sociale à l'ouvrier, et au maître le maintien des cultures. Or, une fois le travail assuré et l'indemnité inscrite au grand-livre, l'abolition de l'esclavage de-vient pour les Colonies un véritable BIENFAIT, non seu-lement parce qu'elle dégage le pays d'une expectative comminatoire qui suspend toutes les affaires, non seu-lement parce qu'elle enlève au maître la responsabilité du vivre pour son atelier, et qu'elle place l'affranchi dans de meilleures dispositions pour le travail, mais

parce qu'elle rend à la propriété agricole les capitaux
d'exploitation dont elle a besoin.

On peut faire voir également à la métropole que
l'indemnité qu'elle payerait dans des contrées où elle
s'est réservée le monopole commercial ne profiterait
qu'à elle-même, et fournirait sans peine un excédant
de recettes équivalant à la somme de la rente qu'il
faudrait servir.

Ainsi, grâce à une nouvelle organisation du travail,
aussi favorable aux intérêts du maître qu'à ceux de
l'esclave, grâce à l'introduction définitive de la législation métropolitaine, les obstacles de fond n'existent
plus. Mais la mise en pratique de ces mesures et leur
résolution dans le cabinet dépendent avant tout de la
manière de les faire valoir.

Les Colonies ont pour intermédiaire auprès du gouvernement central le Conseil des Délégués.

Le Conseil des Délégués, séant à Paris, est un intermédiaire sans puissance suffisante auprès du pouvoir. La
position de ce Conseil a, de plus, le grave inconvénient de maintenir la séparation entre les colonies et les
pouvoirs électifs de la métropole. Le plus grand obstacle à la fusion sera toujours dans l'interposition de corps
constitués qui veulent de suite former pouvoir à part.
Je ne parle pas des Conseils coloniaux, rouage néces-

saire de l'administration intérieure , et qui doivent sub-
sister comme partie intégrante du système administratif,
lors même que l'unité serait établie. Les Conseils coloniaux comporteraient alors les mêmes fonctions que
les Conseils généraux des départemens.

Le signe de la nationalité est aujourd'hui en France
la participation directe à la puissance législative. Aussi
long-temps qu'elles ne seront pas représentées à la
Chambre des pairs et à la Chambre des députés, les
Colonies ne feront pas corps avec la métropole. Donnez
aux Colons l'investiture politique, et immédiatement la
puissance attractive des grands corps dont ils feront
partie les transformera. Un pair de France , un mem-
bre de la Chambre des députés , fussent-ils propriétaires d'esclaves et de sucreries , verront immédiatement
toutes les questions à un autre point de vue.

D'autre part, les pouvoirs législatifs ayant à traiter les
Colons en collègues et non plus en étrangers, se sentiront
des devoirs qu'ils négligent aujourd'hui. Dans les relations sociales qu'ils contracteront, dans les liaisons qu'ils
formeront , dans leur rôle actif, soit à la tribune , soit
comme membres des commissions, soit dans leurs rapports avec les ministres, ils auront mille occasions direc-
tes ou indirectes (celles-ci sont souvent les meilleures)
de servir les intérêts coloniaux : ils auront titre et qua
lité pour cela.

Un député, fût-il seul, est un pouvoir; un conseil
de délégués, fût-il composé de cent membres, n'est
qu'une réunion de cent solliciteurs, dépourvus auprès

dès ministres de la redoutable sanction dés boules noires et dés boules blanches.

Les Colonies peuvent bien avoir sept députés comme elles ont sept délégués. Or, dans notre système de gouvernement, sept voix sont bien souvent l'appoint d'une majorité dans les questions de cabinet, et plus souvent encore des conquêtes utiles à faire dans les commissions.

Les Colonies ont voulu obvier à cet inconvénient en choisissant une partie de leurs délégués parmi les membres de la Chambre des députés. Ce mode de représentation n'est pas seulement incomplet par le petit nombre ou par le double emploi de la boule, cette balle enchantée des batailles parlementaires, l'influence du député à la fois métropolitain et colonial est nulle de fait pour la colonie, quelle que soit la nuance à laquelle il appartient. S'il est député conservateur, sa boule est acquise au pouvoir pour les intérêts de ses commettans métropolitains, indépendamment de l'intérêt colonial. S'il est député d'opposition, il doit le refus de sa boule au ministère qui ne donne pas satisfaction aux désirs de l'opposition, lors même que ce ministère ferait très bien les affaires des Colonies.

La participation directe au pouvoir législatif, entraînant le mandat gratuit, détruirait encore une cause de discrédit pour la défense des intérêts coloniaux. Rien n'empêche d'ailleurs que les Colonies aient, à Paris, un agent rétribué et permanent, chargé d'un grand nombre de détails qui doivent rester étrangers aux représentans législatifs.

Quant à la pairie, chaque colonie compte, parmi ses habitans notables, plusieurs personnes qui se trouvent placées dans les catégories de la loi de 1831.

Les Colonies ont eu des représentans à l'Assemblée Constituante. La Charte de 1830 ne peut pas leur refuse ce droit, au moment surtout où leur état social est remis en question.